Nossa Senhora das Dores

Elam de Almeida Pimentel

Nossa Senhora das Dores
Mãe dolorosa

Novena e ladainha

Petrópolis

© 2013, Editora Vozes Ltda.
Rua Frei Luís, 100
25689-900 Petrópolis, RJ
www.vozes.com.br
Brasil

1ª edição, 2013.
2ª reimpressão, 2025.

Todos os direitos reservados. Nenhuma parte desta obra poderá ser reproduzida ou transmitida por qualquer forma e/ou quaisquer meios (eletrônico ou mecânico, incluindo fotocópia e gravação) ou arquivada em qualquer sistema ou banco de dados sem permissão escrita da editora.

CONSELHO EDITORIAL	PRODUÇÃO EDITORIAL
Diretor Volney J. Berkenbrock	Aline L.R. de Barros Jailson Scota Marcelo Telles
Editores Aline dos Santos Carneiro Edrian Josué Pasini Marilac Loraine Oleniki Welder Lancieri Marchini	Mirela de Oliveira Natália França Otaviano M. Cunha Priscilla A.F. Alves Rafael de Oliveira Samuel Rezende
Conselheiros Elói Dionísio Piva Francisco Morás Gilberto Gonçalves Garcia Ludovico Garmus Teobaldo Heidemann	Vanessa Luz Verônica M. Guedes
Secretário executivo Leonardo A.R.T. dos Santos	

Editoração: Andréa Dornellas Moreira de Carvalho
Diagramação: Sheilandre Desenv. Gráfico
Capa: Omar Santos

ISBN 978-85-326-4487-9

Este livro foi composto e impresso pela Editora Vozes Ltda.

Sumário

1 Apresentação, 6

2 Histórico da devoção, 7

3 Novena de Nossa Senhora das Dores, 10
   1º dia, 10
   2º dia, 11
   3º dia, 12
   4º dia, 14
   5º dia, 15
   6º dia, 16
   7º dia, 18
   8º dia, 19
   9º dia, 20

4 Oração a Nossa Senhora das Dores, 24

5 Ladainha de Nossa Senhora das Dores, 26

6 Terço das Dores Atuais da Virgem Dolorosa, 29

Apresentação

Maria permaneceu aos pés da cruz até a morte de seu Filho Jesus. Por viver todo o sofrimento da paixão e crucificação de Jesus, Maria tornou-se um modelo sagrado para as mães, originando uma devoção às dores de Maria, que, em 1722, foi promulgada pelo Papa Bento XIII com o nome de As Sete Dores de Maria.

Em 1903, o Papa Pio X fixou o dia 15 de setembro como a data para se celebrar as dores de Maria com o nome de Virgem Maria Dolorosa.

A devoção a Nossa Senhora das Dores é uma devoção de origem bíblica, pois todos os relatos se encontram nos evangelhos, evocando as dores de Maria durante a Paixão e Crucificação de Jesus Cristo.

Este livrinho contém a história da devoção, a novena, as orações, a ladainha e também algumas passagens dos evangelhos, seguidas de uma oração para o pedido da graça especial, acompanhada de um Pai-nosso e sete Ave-Marias (uma para cada dor de Maria).

HISTÓRICO DA DEVOÇÃO

Nossa Senhora das Dores é uma das representações de Maria que demonstram toda a dor que Nossa Senhora sentiu ao ver seu Filho crucificado. Ela é invocada também como Nossa Senhora da Piedade, Nossa Senhora das Angústias, Nossa Senhora das Lágrimas, Nossa Senhora das Sete Dores, Nossa Senhora do Calvário ou ainda Nossa Senhora do Pranto.

Em 15 de setembro, data da celebração de Nossa Senhora das Dores, relembram-se todos os sofrimentos de Nossa Senhora, especialmente as sete dores principais que ela sofreu durante a vida, paixão e morte de Jesus:

• as profecias de Simeão sobre Jesus (Lc 2,34-35)

• a fuga da Sagrada Família para o Egito (Mt 2,13-14)

• o desaparecimento do Menino Jesus durante três dias (Lc 2,42-49)

• Maria encontra com Jesus no caminho para o Calvário (Lc 23,26-27)

- Maria observando o sofrimento e a morte de Jesus na cruz (Jo 19,25-27)
- Maria recebe o corpo do Filho tirado da cruz (Mt 27,55-61)
- Maria observa o corpo do Filho a ser depositado no Santo Sepulcro (Lc 23,55-56)

A invocação a Nossa Senhora das Dores data do século XVIII, e sua imagem aparece algumas vezes com o coração trespassado por uma espada; outras, por sete punhais, mas toda a sua fisionomia exprime agonia e resignação.

No Brasil, o culto a Nossa Senhora das Dores chegou primeiramente a Vila Rica, onde era realizado o septenário das Dores. Durante sete sextas-feiras, a começar da sexta-feira que antecede o carnaval até a Semana da Paixão, relembravam-se as dores de Maria. As pessoas trajavam-se de preto e o altar de Nossa Senhora das Dores era muito ornamentado.

No Brasil existem cerca de 116 paróquias dedicadas a Nossa Senhora das Dores, que é padroeira de Porto Alegre. Segundo uma lenda, um rapaz apaixonou-se por uma jovem e esta exigiu dele uma prova de amor: que ele lhe presenteasse com o colar da imagem de Nossa Senhora das Dores. Ele tentou dissuadi-la, mas acabou cedendo e roubando o colar da imagem. Alguns dias depois, um pedreiro escravo, de nome José, foi acusado do roubo e condenado à morte. Várias pessoas estavam presentes para assistir ao enforcamento do ladrão do colar de Nossa Senhora. Assim que o carrasco passou o nó em volta do pescoço do condenado, as pessoas ouviram as últimas palavras dele: "Sou inocente e a prova disso é que as torres da Igreja de Nossa Senhora das Dores, antes de ficarem prontas, hão de cair três vezes".

Ao receber o colar, a moça não se interessou mais pelo rapaz e ele foi visto próximo ao local da forca, corroído pelo remorso e depois ninguém ouviu falar mais dele. Depois de cinco meses do enforcamento do inocente, as duas torres da igreja, quase concluídas, despencaram, e isso levou as pessoas a pensar nas palavras do condenado. Dizem que D. Pedro II, atento a esse fato, extinguiu a pena de morte no Brasil.

Nossa Senhora das Dores geralmente é retratada de pé, com a fisionomia angustiada, vestida geralmente de roxo e envolvida com um manto que lhe cobre a cabeça e os pés. Aparece com o peito atravessado por uma espada ou sete punhais, uma das mãos apertando o coração e a outra estendida em sinal de desolação.

Novena de Nossa Senhora das Dores

1º dia

Iniciemos com fé este primeiro dia de nossa novena, invocando a presença da Santíssima Trindade: em nome do Pai, do Filho e do Espírito Santo. Amém.

Leitura do Evangelho: Lc 2,34-35

Simeão os abençoou e disse a Maria, sua mãe: "Este menino está destinado a ser ocasião de queda e elevação de muitos em Israel e sinal de contradição. Quanto a ti, uma espada atravessará tua alma! Assim serão revelados os pensamentos de muitos corações".

Reflexão

Maria recebeu a profecia de Simeão em silêncio, sofrendo calada em sua aflição, acreditando que aquilo determinado por Deus é o certo.

Oração

Nossa Senhora das Dores, Mãe nossa, entrego minha vida em vossas mãos. Atendei ao pedido especial que faço nesta novena... [fazer o pedido].

1 Pai-nosso.
7 Ave-Marias.
1 Glória-ao-Pai.
Nossa Senhora das Dores, Virgem Dolorosa, intercedei por nós.

2º dia

Iniciemos com fé este segundo dia de nossa novena, invocando a presença da Santíssima Trindade: em nome do Pai, do Filho e do Espírito Santo. Amém.

Leitura do Evangelho: Mt 2,13-14

> Depois que partiram, um anjo do Senhor apareceu em sonho a José e disse: "Levanta-te, toma o menino e sua mãe, foge para o Egito e fica lá até que te avise, pois Herodes vai procurar o menino para o matar". José levantou-se, tomou o menino e sua mãe e partiu de noite para o Egito.

Reflexão

Esta passagem do Evangelho de Mateus nos faz refletir sobre o sofrimento de Maria ao fugir com um recém-nascido de sua cidade para um local desconhecido, numa viagem longa, com um destino incerto.

Oração

Nossa Senhora das Dores, Mãe aflita, pela dor que sentistes ao fugir para evitar que vosso Filho fosse morto pelos soldados de Herodes, concedei-me a graça de que, no momento, tanto necessito... [falar a graça que se deseja alcançar].

1 Pai-nosso.

7 Ave-Marias.

1 Glória-ao-Pai.

Nossa Senhora das Dores, Virgem Dolorosa, intercedei por nós.

3º dia

Iniciemos com fé este terceiro dia de nossa novena, invocando a presença da Santíssima Trindade: em nome do Pai, do Filho e do Espírito Santo. Amém.

Leitura do Evangelho: Lc 2,42-49

> [...] Quando Ele completou 12 anos, subiram a Jerusalém segundo o costume da festa. Acabados os dias de festa, quando voltaram, o menino Jesus ficou em Jeru-

salém, sem que os pais o percebessem. Pensando que estivesse na caravana, andaram o caminho de um dia e o procuraram entre os parentes e conhecidos. Não o achando, voltaram a Jerusalém à procura dele. Três dias depois o encontraram no Templo sentado na mesa dos doutores, ouvindo e fazendo perguntas. Todos que o escutavam maravilhavam-se de sua inteligência e de suas respostas.

Quando o viram, ficaram admirados e sua mãe lhe disse: "Filho, por que agiste assim conosco? Olha, teu pai e eu, aflitos, te procurávamos". Ele respondeu-lhes: "Por que me procuráveis? Não sabíeis que eu devia estar na casa de meu Pai?"

Reflexão

Reflitamos sobre a dor de Maria ao pensar que seu Filho havia se perdido. Esta dor é a agonia de toda mãe que perde um filho. Rezemos à Virgem Dolorosa, suplicando que não nos deixe perder Jesus.

Oração

Virgem Dolorosa, suplico-vos que nunca me deixeis perder a fé em vosso amado Filho. Socorrei-me nesta hora que tanto careço, alcançando-me a graça por mim necessitada... [falar a graça a ser alcançada].

1 Pai-nosso.

7 Ave-Marias.

1 Glória-ao-Pai.

Nossa Senhora das Dores, Virgem Dolorosa, intercedei por nós.

4º dia

Iniciemos com fé este quarto dia de nossa novena, invocando a presença da Santíssima Trindade: em nome do Pai, do Filho e do Espírito Santo. Amém.

Leitura do Evangelho: Lc 23,26-27

> Enquanto o conduziam, agarraram um certo Simão de Cirene, que vinha da lavoura, e o encarregaram de levar a cruz atrás de Jesus. Seguia-o grande multidão de povo e de mulheres que batiam no peito e o lamentavam.

Reflexão

Entre estas mulheres estava Maria, a mãe de Jesus, que, consternada, observava seu amado ferido, tendo na cabeça uma coroa de espinhos e carregando uma pesada cruz no caminho para o Calvário. Imaginemos o sofrimento desta mãe, Maria, vendo o Filho nestas condições e a ela oremos.

Oração

Nossa Senhora das Dores, Mãe sofrida, rogai por mim neste difícil momento de minha vida. Alcançai-me a graça de que tanto necessito... [fazer o pedido].

1 Pai-nosso.

7 Ave-Marias.

1 Glória-ao-Pai.

Nossa Senhora das Dores, Virgem Dolorosa, intercedei por nós.

5º dia

Iniciemos com fé este quinto dia de nossa novena, invocando a presença da Santíssima Trindade: em nome do Pai, do Filho e do Espírito Santo. Amém.

Leitura do Evangelho: Jo 19,25-27

> [...] Junto à cruz de Jesus estavam de pé sua mãe, a irmã de sua mãe, Maria de Cléofas, e Maria Madalena. Vendo a mãe e, perto dela, o discípulo a quem amava, Jesus disse para a mãe: "Mulher, aí está o

teu filho". Depois disse para o discípulo: "Aí está a tua mãe". E desde aquela hora o discípulo tomou-a sob os seus cuidados.

Reflexão

Maria estava aos pés da cruz de seu Filho quando Ele morreu, observando assim seu sofrimento e morte. Pensemos no sofrimento desta mãe vendo Jesus crucificado e sem nada poder fazer para ajudá-lo. Rezemos à Virgem Dolorosa.

Oração

Amada Nossa Senhora das Dores, pela dor que tivestes quando vistes Jesus na cruz, concedei-me a graça de que tanto necessito... [pede-se a graça a ser alcançada].

1 Pai-nosso.

7 Ave-Marias.

1 Glória-ao-Pai.

Nossa Senhora das Dores, Virgem Dolorosa, intercedei por nós.

6º dia

Iniciemos com fé este sexto dia de nossa novena, invocando a presença da Santíssima Trindade: em nome do Pai, do Filho e do Espírito Santo. Amém.

Leitura do Evangelho: Mt 27,55-61

[...] Havia ali, olhando de longe, muitas mulheres que tinham seguido Jesus desde a Galileia, para o servir. Entre elas estavam Maria Madalena, Maria, mãe de Tiago e José, e a mãe dos filhos de Zebedeu.

Chegada a tarde, veio um homem rico de Arimateia, chamado José, que era também discípulo de Jesus. Apresentou-se a Pilatos e pediu o corpo de Jesus. Pilatos ordenou que lhe fosse entregue. Tomando o corpo, José envolveu-o num lençol limpo e o sepultou em seu próprio túmulo, todo novo, que tinha mandado cravar na rocha. Depois de rolar uma grande pedra à entrada do túmulo, retirou-se. Estavam ali Maria Madalena e a outra Maria, sentadas em frente ao sepulcro.

Reflexão

Maria recebe o corpo de Jesus após ser tirado da cruz. Esta imagem de Maria com o corpo flagelado de Jesus em seus braços pode ser vista em algumas pinturas em igrejas. Nelas se contemplam a flagelação de Jesus e a dor na face de Maria.

Oração

Ó Nossa Senhora das Dores, pela dor que sofrestes ao receber vosso Filho morto, alcançai-me a graça que a vós suplico... [falar a graça que se deseja alcançar].

1 Pai-nosso.
7 Ave-Marias.
1 Glória-ao-Pai.

Nossa Senhora das Dores, Virgem Dolorosa, intercedei por nós.

7º dia

Iniciemos com fé este sétimo dia de nossa novena, invocando a presença da Santíssima Trindade: em nome do Pai, do Filho e do Espírito Santo. Amém.

Leitura do Evangelho: Lc 23,55-56

As mulheres, que tinham vindo com Ele da Galileia, acompanharam José, viram o túmulo e como o corpo de Jesus foi nele colocado. Depois voltaram e prepararam perfumes e bálsamos. No dia do sábado descansaram conforme mandava a Lei.

Reflexão

Entre as mulheres estava Maria, mãe de Jesus, observando o corpo do Filho ser depositado no sepulcro. Quanto sofrimento para esta mãe.

Oração

Ó Mãe sofrida, pela dor com que deixastes o corpo de Jesus no sepulcro, vos suplico a graça de que tanto necessito... [falar a graça que necessita].

1 Pai-nosso.

7 Ave-Marias.

1 Glória-ao-Pai.

Nossa Senhora das Dores, Virgem Dolorosa, intercedei por nós.

8º dia

Iniciemos com fé este oitavo dia de nossa novena, invocando a presença da Santíssima Trindade: em nome do Pai, do Filho e do Espírito Santo. Amém.

Leitura do Evangelho: Mt 10,38

E quem não toma a sua cruz e não me segue não é digno de mim.

Reflexão

Ser cristão é saber aceitar a "cruz" – as dores e os sofrimentos – e continuar com muita fé em Deus e ter esperança por dias melhores. Rezemos à Virgem Dolorosa pedindo sua intercessão para aceitação de nossa cruz.

Oração

Virgem Dolorosa, mãe dos aflitos, a vós suplico ajuda para melhor aceitação de minhas dores e sofrimentos. Ajudai-me a ter sempre confiança em vós e em vosso amado Filho. Concedei-me a graça de que tanto necessito... [pedir a graça desejada].

1 Pai-nosso.
7 Ave-Marias.
1 Glória-ao-Pai.
Nossa Senhora das Dores, Virgem Dolorosa, intercedei por nós.

9º dia

Iniciemos com fé este nono dia de nossa novena, invocando a presença da Santíssima Trindade: em nome do Pai, do Filho e do Espírito Santo. Amém.

Neste nono dia de nossa novena vamos ler um poema do século XIII, atribuído a um abade franciscano italiano (Jacopone da Todi) que canta as dores de Maria.

Stabat Mater Dolorosa
(Estava a Mãe Dolorosa)

Estava a Mãe Dolorosa
chorando junto à cruz
da qual seu Filho pendia

Sua alma soluçante
inconsolável e angustiada
era atravessada por um punhal

Ó, quão triste e aflita
estava a bendita mãe
do Filho Unigênito!

Transpassada de dor,
chorava, vendo o tormento do
seu Filho

Quem poderia não se entristecer
ao contemplar a Mãe de Cristo
sofrendo tanto suplício

Quem poderia conter as lágrimas
vendo a mãe de Cristo
dolorida junto ao seu Filho?

Pelos pecados do seu povo
Ela viu Jesus no tormento,
flagelado por seus súditos

Viu seu doce Filho
morrendo desolado
ao entregar seu espírito

Ó mãe, fonte de amor,
faz com que eu sinta toda a sua
dor para que eu chore contigo

Faz com que meu coração arda
no amor a Cristo Senhor
para que possa consolar-me

Mãe Santa, marca profundamente
no meu coração as chagas
do teu Filho crucificado

Por mim, teu Filho coberto de
chagas quis sofrer seus tormentos,
quero compartilhá-los

Faze com que eu chore
e que suporte com Ele a sua cruz
enquanto dure a minha existência

Quero estar em pé
ao teu lado, junto à cruz
chorando junto a ti

Virgem de virgens notável,
não sejas rigorosa comigo,
deixa-me chorar junto a ti

Faze com que eu compartilhe a morte
de Cristo, que participe da sua paixão
e que rememore suas chagas

Faze com que me firam suas feridas,
que sofra o padecimento da cruz
pelo amor do teu Filho

Inflamado e elevado pelas chamas
seja defendido por ti, ó Virgem,
no dia do juízo final

Faze com que eu seja custodiado
pela cruz,
fortalecido pela morte de Cristo
e confortado pela graça

Quando o corpo morrer,
faze com que minha alma alcance
a glória do paraíso

Amém. Pelos séculos dos séculos.

Oração

Nossa Senhora das Dores, Virgem Dolorosa, em vossas mãos entregamos nossas dores nesta novena na certeza de vossa intercessão. Neste último dia, quero vos louvar e agradecer todas as graças, que, por vossa intercessão, vier a alcançar.

1 Pai-nosso.

7 Ave-Marias.

1 Glória-ao-Pai.

Nossa Senhora das Dores, Virgem Dolorosa, intercedei por nós.

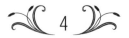

Oração a Nossa Senhora das Dores

Oração 1

Virgem Santíssima, Nossa Senhora das Dores, nós vos pedimos que junteis os vossos rogos aos nossos, a fim de que Jesus, o vosso divino Filho, a quem nos dirigimos, pelos méritos das vossas dores de mãe, ouça as nossas preces e nos conceda também as graças por nós necessitadas... [falar as graças desejadas].

1 Salve-Rainha.

Oração 2

Súplica a Nossa Senhora das Dores
Permiti, agora, ó Mãe dolorosa, que eu, por uns instantes, permaneça ao vosso lado, na contemplação amargurada e sentida da vossa alma tão aflita e bendita.

Ó Mãe, fonte de todo amor, deixai-me sentir a vossa dor, para convosco poder chorar a desordem do meu muito pecado, que deixou vosso Jesus amado de todos abandonado, tristemente atormentado, quando na cruz expirou... Santa Mãe das Dores: concedei-me apenas isto: que as chagas de Jesus Cristo eu as possa imprimir bem dentro do meu coração aflito e misturar as vossas lágrimas tão santas com este meu pobre pranto... Mãe das Dores, quanto desejo que os meus olhos chorem tanto quanto a vida me durar... Isto aqui vos digo com certeza: quero, em vossa companhia de noite e de dia, as vossas dores meditar.

E a minha fé aqui por dentro me assegura, Virgem pura, que jamais desprezareis os meus rogos; assim chorando, hei de abrandar vossa amargura.

Para Vós me volto agora, bom Jesus, Homem das Dores: por favor de vossa santa Mãe, dai-me a vitória; dai-me o perdão ao meu triste coração.

Quando vier buscar-me a morte, dai-me esta eterna sorte: de vos gozar para sempre no céu.

Amém.

Ladainha de Nossa Senhora das Dores

Senhor, tende piedade de nós.
Cristo, tende piedade de nós.
Senhor, tende piedade de nós.

Cristo, ouvi-nos.
Cristo, atendei-nos.

Pai Celeste, que sois Deus, tende piedade de nós.
Deus Filho, Redentor do mundo, tende piedade de nós.
Deus Espírito Santo, tende piedade de nós.
Santíssima Trindade, que sois um só Deus, tende piedade de nós.

Santa Maria, rogai por nós.
Nossa Senhora das Dores, mãe dolorosa, rogai por nós.
Nossa Senhora das Dores, mãe aflita, rogai por nós.
Nossa Senhora das Dores, mãe de Jesus crucificado, rogai por nós.

Nossa Senhora das Dores, mãe do coração transpassado, rogai por nós.
Nossa Senhora das Dores, mãe desolada, rogai por nós.
Nossa Senhora das Dores, mãe dos discípulos de Jesus, rogai por nós.
Nossa Senhora das Dores, mãe dos redimidos, rogai por nós.
Nossa Senhora das Dores, mãe tristíssima, rogai por nós.
Nossa Senhora das Dores, mãe dos angustiados, rogai por nós.
Nossa Senhora das Dores, virgem do silêncio, rogai por nós.
Nossa Senhora das Dores, virgem da espera, rogai por nós.
Nossa Senhora das Dores, mãe forte e corajosa, rogai por nós.
Nossa Senhora das Dores, mãe do exílio, rogai por nós.
Nossa Senhora das Dores, mãe do sofrimento, rogai por nós.
Nossa Senhora das Dores, mãe da esperança, rogai por nós.
Nossa Senhora das Dores, mãe da salvação, rogai por nós.
Nossa Senhora das Dores, defensora dos inocentes, rogai por nós.
Nossa Senhora das Dores, defensora dos perseguidos, rogai por nós.

Nossa Senhora das Dores, mãe dos pecadores, rogai por nós.
Nossa Senhora das Dores, consoladora dos aflitos, rogai por nós.
Nossa Senhora das Dores, refúgio dos exilados, rogai por nós.
Nossa Senhora das Dores, alívio dos enfermos, rogai por nós.
Nossa Senhora das Dores, mãe apassivadora dos tormentos, rogai por nós.
Nossa Senhora das Dores, mãe da misericórdia, rogai por nós.
Nossa Senhora das Dores, rainha do céu, rogai por nós.

Cordeiro de Deus, que tirais o pecado do mundo, perdoai-nos, Senhor.
Cordeiro de Deus, que tirais o pecado do mundo, ouvi-nos, Senhor.
Cordeiro de Deus, que tirais o pecado do mundo, tende piedade de nós.

Jesus Cristo, ouvi-nos.
Jesus Cristo, atendei-nos.

Rogai por nós, Nossa Senhora das Dores,
Para que sejamos dignos das promessas de Cristo.

Terço das Dores Atuais da Virgem Dolorosa

Abertura
[Fazer o Sinal da cruz.]
Credo.

Oração a Jesus Crucificado
Eis-nos aos vossos pés, ó dulcíssimo Jesus Crucificado, para vos apresentar as dores daquela que, com tanto amor, vos acompanhou no caminho doloroso do Calvário. Fazei, ó bom Jesus, que nós saibamos aproveitar a lição que essas dores nos dão, para que, realizando a vossa santíssima vontade na terra, possamos um dia no céu vos louvar por toda a eternidade. Amém.

Primeira dor
Quando recebo, por meio de Jesus Crucificado, um filho sob meus cuidados, e ele não me recebe...
– Vede, ó Jesus, que são as dores daquela que mais vos amou na terra e que mais vos ama no céu.

1 Pai-nosso.
7 Ave-Marias.
1 Glória-ao-Pai.

Segunda dor
Quando preencho a vida deste filho com sinais para ser notada e invocada como protetora e ele não me vê...
– Vede, ó Jesus, que são as dores daquela que mais vos amou na terra e que mais vos ama no céu.
1 Pai-nosso.
7 Ave-Marias.
1 Glória-ao-Pai.

Terceira dor
Quando, apesar disso, derramo algumas graças sobre este filho e ele considera que as recebeu por merecimento e esforço próprio...
– Vede, ó Jesus, que são as dores daquela que mais vos amou na terra e que mais vos ama no céu.
1 Pai-nosso.
7 Ave-Marias.
1 Glória-ao-Pai.

Quarta dor

Quando me vejo com grandes bênçãos e graças para doar a este filho, mas não posso dá-las porque um coração orgulhoso está distante do amor e da misericórdia de Deus...

– Vede, ó Jesus, que são as dores daquela que mais vos amou na terra e que mais vos ama no céu.

1 Pai-Nosso.
7 Ave-Marias.
1 Glória-ao-Pai.

Quinta dor

Quando este filho começa a ser dominado por satanás e nenhum dos meus outros filhos, principalmente os meus sacerdotes, se interessam em interceder por ele...

– Vede, ó Jesus, que são as dores daquela que mais vos amou na terra e que mais vos ama no céu.

1 Pai-Nosso.
7 Ave-Marias.
1 Glória-ao-Pai.

Sexta dor

Quando satanás dominou totalmente a vida do meu filho e nenhum dos meus outros filhos reza por ele...

– Vede, ó Jesus, que são as dores daquela que mais vos amou na terra e que mais vos ama no céu.

1 Pai-nosso.
7 Ave-Marias.
1 Glória-ao-Pai.

Sétima dor
Quando meu filho perde a vida e deixa de ser meu filho...

– Vede, ó Jesus, que são as dores daquela que mais vos amou na terra e que mais vos ama no céu.

1 Pai-nosso.
7 Ave-Marias.
1 Glória-ao-Pai.

Oração final
Virgem Santíssima e Mãe das Dores, nós vos pedimos que junteis os vossos rogos aos nossos, a fim de que Jesus, o vosso divino Filho, a quem nos dirigimos, pelos méritos das vossas dores de Mãe, ouça as nossas preces e nos conceda, com as graças que desejamos, a salvação eterna. Ó Virgem Dolorosa, que as vossas dores derrubem o império infernal. Amém.

Salve-Rainha.